六神无主

I0568323

耿仁培 著

Copyright © 2022 Renpei Geng

ISBN: 978-1-957144-50-4

All right reserved. 版权所有

No part of this publication may be reproduced distributed, or transmitted in any form or by means, including photocopying, recording, or other electronic or mechanical methods, without the prior written permission of the publisher, except in the case of brief quotations embodied in critical reviews and certain other noncommercial uses permitted by copyright law. For permission requests, write to the author, addressed "Attention: Permissions Coordinator" at renpeig@gmail.com

本书由美国 Asian Culture Press LLC 出版
Published by Asian Culture Press LLC
41942 Broadway, Suite 314C,
Boulder, CO 80302,
United States

Published in the United States of America
First paperback edition July 2022
本书 2022 年 7 月在美国第一次出版

作者简介

耿仁培，导演，诗人。

1993 年 1 月 17 日出生于山东德州，加州艺术学院电影学硕士。2021 年凭短片"Dark Swan Lake"获巴黎独立电影节最佳实验短片奖，为同名戏剧作品创作诗歌《黑鹅湖》系列。

序言

　　本诗集分为四辑：一厢情愿，汗流浃背，三心二意，白日做梦。主题分别为情感，自我消解，人与世界的联系，梦境和想象；共一百六十九首。

　　六神：道家认为人的心、肺、肝、肾、脾、胆各有神灵主宰，称为六神。六神无主：形容惊慌失措，不知如何是好。

　　六神无主是一种情绪，它激发了诗人的创作欲望。本诗集作者用灵动的文笔，锐利的想象力，将情绪熨烫在五脏六腑。

目录

一厢情愿

汗流浃背

三心二意

白日做梦

一厢情愿

一盘秋意
我才不是落叶
我是茶树菇
寄身于葱头和猪油中
最美味的相伴
碗筷起落
在翻滚中失重
被你咽下去
换一声饱嗝

葱油拌面
08/10/2019

在熙熙攘攘的火炉里相爱
汗水浸湿了我的麻烦
我爱这里除拥堵外的一切
即使风来了
还是情愿不安地躺在你腿上
闭上眼
微信全不回

热恋

07/24/2015

春夏秋冬的扮相
都被装在裤裆里
穿越隧道
运往山城
你是冷却在我脊背蒸腾的汗
熟睡在胸膛颤抖的草莓
碎裂的 T 恤
食人的衬衫
裘皮大衣里欲仙欲死的一生

观音岩

08/09/2015

阴云下
你是附着氯气的雾
晴空下
你是新鲜的紫泥
你是蚁穴的丞相
是水星的酋长
你的手机会替我承受穿透胸
骨的子弹
你的步伐让我的大脑背上一
座金山
我嗅着你抖擞冲锋
我盯着你撒欢旋转
你有令我嚎啕大哭的脖子
带我大步流星的脚腕
你是帮我偷天换日的翅膀
让我一柱擎天的砖
你还是风筝
是夕阳下最大的雁

失控

03/08/2015

月色婉婉动人
连雾霾的影子都特别有样儿
晚风湿透了
晚霞燃在心间
汗水悬在耳廓
等着你说喜欢
手心托着手肘
燃起熊熊火焰

后座

05/30/2018

夜色催更
心跳比风柔嫩
气肃秋高
王八鼓着肚子
候鸟南飞
千里之外乘四
月下思懿
一天一次咳嗽

九月九

09/09/2020

番韭含苞欲放
雨雾袅袅婷婷
月色未现
脐橙登峰
看你软下去
迎着夕阳化作海滩

蕾蕾

05/01/2019

你如此悄然声息地睡去
让烈日当头不堪
让对长亭晚不痒
让空穴来风不断
让我的思绪
流成你慢慢融化的绿头发

让

03/14/2016

看天色默数着时间
肤色也从我身体慢慢流走
云朵是凝固的
爱回荡在风中

停留

06/18/2016

我的王八蛋

在我风餐露宿的丘壑

给一碗雨水

在我守望日出的悬崖

挂满斜阳

在我辗转反侧的床头

抹去箴言

一言不发的瓢虫

一蹴而就的婚礼

一去不返的井盖

五十度的双手抚摸在心坎

饮鸩止渴

一往无前

王八蛋

08/04/2016

在夕阳的急驶下
衬衫变成冷的
你的手扶在我的肩上
布满金光

骑行

07/29/2016

的士的胶皮松了
冷气吹在脖颈
想念让空气凝固
立夏的风毫无颜色

不打表

05/05/2016

一阵风有多长？
让你的秀发肆意生长
再化作青烟
缠绕在我脖子上

一阵风

05/20/2016

路面飘着河
针头滴入海
我错过了夏至
爱你最深的一天

昨天

06/22/2015

你是银河的头
又像落叶的脚
你上空盘旋着臃肿的甜味
眼含酸楚的难过
你不逃避
因为四肢被黄昏打碎了
也不挣扎
滂沱大雨会抹掉你的名字

失忆

03/18/2016

太阳伏上垂柳
韭黄粘着炒蛋
世界藏在你手中
手心手背都是汗
挂在我的脖颈
度过完美夏天

暗恋

04/25/2015

我的手背飘向你的城市
越过
高山的寒
夕阳的热
一望无际的海
带不走一滴水
换作是你
云朵从指尖滑过
想起每一滴水

飘

07/16/2016

蚊子饱了
二十三号早上
朝霞透过窗
心跳是橙色
我的矜持软了一些
接着睡
祝你生日快乐
淋漓不止夏天

回笼觉

06/23/2020

石柱靠在我肩上
也抚摸着你的头
眼前是一片撩人的云海
一排粗糙的橡木
你的泪珠倚着风铃
回旋在我心头的汗毛间
一万个风吹草动

怪兽酒吧

5/23/2016

晴空碧玺
你摇摆着
像荒野的油菜花
我的目光
躲开天幕的刘海
闪烁的脖颈
娇嗔的睫毛
却躲不过
你足迹下流动着的
春色的温热

大理

05/28/2016

风吹过你
爱不声张
怨不声张
痛不声张
只声张你
风吹过我
越不声张
越是声张

声张

07/17/2020

她的肚子像天鹅绒
落在手心有三十磅
我也生了三十磅
长在心头和肩膀
四年忽快
回味绵长
阴晴都记得唱
脑中曲
雨中响

算账

07/11/2020

那是黄昏里的乡愁
不见闷雷的闷雨
想象你伫立在我一望无尽的金色麦田
野火烧啊烧
稀薄的空气在耳边缠绕成失态的抒情诗：
保护好你自己

农场主

03/18/2016

爱屋及乌

你是粉色是绿色是黄色

也是娇嫩是青涩是温火

你是钻石是风暴是沙漠

也是闪耀是茫然是脆弱

你是孤独是惊喜是折磨

也是讨厌是亵渎是不舍

你不会爱自己更不会爱我

你喜欢酒驾毒舌阿修罗

另一种概括：

香蕉鸭梨大苹果

你想吃哪个？

爱屋及乌

11/05/2013

冰雪无情
欲化眠冬
时间浮在你脸上
由暗变红
亲切的渴望冉冉升起

赴会

02/27/2016

隧道无限长
乘风又乘凉
你比隧道短
溢思也溢暖

隧道

10/04/2015

飞机穿越云层
颠簸得厉害
心悬在空中
似你的眸子
摇摆不定

晕机

07/24/2015

你是春天的使者
笑起来
有香菜和韭菜
我是你的蔬菜大棚
有黄瓜
茄子
四季豆
我们像风一样自由啊
在空中飞舞
淋着鸟屎

暖春

05/24/2015

我所能企及的凉爽都是有风的
我随性沾染的拥抱都是风给的
我是风的
也许还是下一股风的
你也是风的
却不是我的

风波

06/13/2012

汗流浃背

风兜住三眼井
夜色脆如响铃
掀开窗子
你快乐吗
摘掉花蕊
更慢一点枯萎
雨快落了
汗水先滴着
渴了吃西瓜

三眼井胡同
06/05/2019

生命在流逝
一点疲惫
想变成每晚的风
吹啊
从客厅到浴室
从碗底到枕边
一会儿又钻进被窝里
围绕在家人身边
将我的思念倾泻
风在吹
我却变成了雨
在窗外下个不停

乡愁

11/06/2018

城市在运动
电钻与飞烟
冬天的霓虹很美
积雪盈尺黏满遗憾

沈阳北站

01/07/2019

二十五度
整块云朵汤过雨水
楼宇一层层被剥开
满地的腐朽发芽了
干瘪的种子
狰狞的铁骨
手心的汗
二十五岁
夕阳在嘲笑我
胡须又多了一点

二十五岁半
05/11/2018

不该沉默 不该声张

不该奉献 不该吞脏

不该犯错 不该落网

不该点头 不该仰望

不该穿衣 不该松绑

不该聚居 不该游荡

不该囚禁 不该流放

不该包容 不该抵抗

不该烦闷 不该癫狂

不该踱步 不该匆忙

不该翻滚 不该滑翔

不该闪躲 不该碰撞

不该止血 不该挠痒

不该璀璨 不该泛黄

不该邪恶 不该善良

不该独白 不该对讲

不该动情 不该扯谎

不该纯洁 不该淫荡

不该推辞 不该争抢

不该柔弱 不该倔强

不该依靠 不该逞强

不该拥抱 不该推搡

不该钓鱼 不该放羊
不该炙热 不该冰爽
不该继承 不该开创
不该打字 不该照相
不该成型 不该走样
不该调侃 不该欣赏
不该洗脸 不该悲伤
不该求助 不该帮忙
不该耿直 不该伪装
不该熬夜 不该上床
不该支撑 不该平躺
不该抛弃 不该抚养
不该握手 不该拿枪
不该存在 不该灭亡
应该
把"不"隐藏

不该

09/17/2013

这么大的风
不睡也合适
坐在路边休息
变成一盒牛奶

在髌骨凿一个洞
没什么感觉
等血流干了
再去麻烦别人

月牙落下
太阳说谢谢
晚霞升起
叹时光倒流

鼓楼大街

03/10/2021

把它塞进去
让我也躲一躲
抬头不见云
太阳也灭了
快来一阵雨
浇灌我
我还活着

密室

05/28/2022

一个小时过去了
闹铃响彻门外
灯火黏黏腻腻
蒸汽摆脱不掉
湿透的浴帘裹在腿上

用指尖戳亮黑夜
拖鞋没了重量
睁开一只眼
散漫地甩干我的脖子

推开门
寒气蜂拥而入
打一个激灵
闹钟却停了

出浴
09/25/2017

这是我在 627 沉溺的最后一天
眼中空无一物
我是渴望睡意学会了行走的猫
我是大汗淋漓紧锁眉头的鸟
我是一杯公园池塘的水
水里有鱼
我想把床睡塌

宿舍最后一夜
06/30/2015

想念被暴风吞噬的校园
十八岁
被暴风吞噬的清晨
我也像暴风一样
吞噬着校园
却咽不下清晨的一缕光

暴风

07/24/2017

雨一紧张
水土不服
黏腻气氛下轻快的伞就此崩坏
心中波澜似寒风中你的长发失控
胡拍在我脸上

紧张的雨

06/22/2014

徒步在沙漠
最热的是显示屏
渴望雨水与树荫
麻雀和群虫
最好自罚一杯酒
再敬给脚下
泥土也快活一把

走神

01/08/2021

别着急
让我再拖一会儿
拖到安然地胡言
拖到泥泞的山涧
拖到是非混淆
只剩一条小路
气枪的子弹打在脑袋上

拖延

12/11/2020

五至六点半
朝阳不下饭
寒冬不过几个时辰
阜通的树秃了
我趁机离开山谷
陷入推背感带来的沉睡

酒仙桥

12/28/2020

今晚必须发情
为此挨了一刀
血浸透我的胃
绣沉进湖底
水共长天一色
在昏厥之前
点一两姜鸭面
吃不下
意气没能风发
面凉了
秋收映在眼底

七星岗

01/28/2022

床头一盏灯
欲望被填满
不敢抬头
俯瞰稀碎的落叶
听风蹂躏着我
不敢作声
把身体刻在墙上
骨头很痛

待机

12/29/2019

生命在于运动
不动的时候
赘肉像层叠的纸
抽一张出来
便少了一半
想补些回去
就点份炸鸡

欺骗餐
10/30/2020

夜晚那么空虚
清晨如此寂静
大雨瓢泼
把思念忘头上浇

自顾

11/28/2020

风里来

雨里去

走走停停

心够软

腰偏硬

头重脚轻

天时地利人和

炒饭炒面炒饼

油漆上

蜂窝下

云朵淡

雾霭浓

晚饭前

沐浴后

回声大

回应小

泥土间

门窗旁

回忆短

遗忘长

后视镜里的世界

09/17/2013

像是雨季
没有雨落
死缠住我
又不咬我
吃了我的葡萄
游过我的河

蛇

10/21/2014

花时间培育一段失控的爱情

三五分钟

歌一两首

一阵烟

最多一杯酒

我不抽烟

就折一幕夕阳

也算进成本

情话没有

怜爱不算

亲密的事未发生

难忘的痛零兑现

只有印渍在被子上

失控的约会

01/29/2021

沉睡至今
醒来已是端午
咖啡混进米粥
咽下一颗粽子
饱嗝撑起懒腰
依然没有力气
脱掉裤子
陪手机躺下
张开双臂
葡萄含嘴里

不是端午
01/29/2021

自慰加煽情
黄瓜也冻伤了
关灯不计时
去床上躺个够
肚子咕咕叫
头上多了几处疙瘩
起来吃晚饭
鳗鱼卷成了石头

补觉

01/09/2021

看冰雪消融后
未能完成的奇迹
枯叶摆弄沙粒
遇见散漫的纸屑
一个平行四边形
旋风碰到棱角被冲散
阳光洒在地面上空出个圆
时间包裹着希望
最冷的空气也不能做什么
日落还俩小时
没有人路过这里

阵风
01/08/2021

石阶下踱步
稚气松散
蛛网萦绕衣袖
蚊香送我一程
雾在发生
雨在发梢
愿夕阳的余晖
放下我拙劣的本能

蓝谷地

07/08/2020

酒窝被拒之门外
硬币闪呀闪
在喧嚣的迪斯科中挖出角落
一跃成为贾木许的盘中餐
二次截肢的亚洲舞王
三长两短

蹦迪

07/04/2016

春天的迹象
在小草屋
在瓦房里
和鸽子蛋的下面
野犬追着单车
童子尿湿草垛
牛羊睡的安稳
又是一个夏天
丰收更近了
在空调房里流汗
夜色倦得很慢

春发

05/07/2019

凌晨四点
呼吸停了两秒
没有灯还亮着
双眼瞄着细线
视力零点三五
月光擦亮耳朵
一只听着窗外
蝉都睡了
没能叫醒秋天

熬夜

09/20/2018

风敲着我的眉心
想带我的苦衷
一起走远
晚霞破碎了
云翳挤出雨水
月亮低下头来
脚边的苹果跳得欢快
风停了
的士等在路口
中暑的不止我一个

打的

06/02/2018

水滴石穿
透过地心浸润我的思念
周五风很大
漫天的沙砾凿入我的不安

尘暴

06/10/2016

目送成排的车
一辆辆驶离我的难过
你失落的犄角上
流动着我的血色
疲软
滚烫

告别

06/10/2016

木屋吃掉山脉
时针弹落夕阳
我吞着唾沫
等来光天散漫的道别
七点五十多
一阵不俗的冷清

傍晚

04/10/2016

端起石头
月亮失控
夜被击碎
湖面的平静过时了
疼痛被抛光
咽下困意
心脏难笑傲
脱一层皮

冷

12/30/2015

汽笛轰鸣
昏暗婆娑
生于千里之外
困在眼珠子里

街景

07/29/2015

"妈妈我想吃鱼"
伴随着指尖的颗粒感
和门碎的声音

饭点

05/24/2015

零点纷扰与璀璨

星空忏悔与殷实

我的命悬一股稚气

顿开茅塞雨打芭蕉

趁机后悔

趁机向往

松一根鞋带

迎一片汪洋

跌落

倒挂在你脚踝的迎客松上

反省

01/28/2020

飘散
蜷曲
燃尽
坠落
挣扎
燎原

星星之火

05/12/2015

晚钟敲醒滑梯上的橱窗
真挚的寒风被路灯吃透了
我失禁在月光里
成为了散漫的春色

二十二点

02/24/2015

想念
是被海浪卷碎的水晶船桨
金灿灿的阳光下
一片沾到屎的叶子
天涯共此时呀
我用你也吃不下的面包裹住牙齿
让温热更难以下咽

玉碎

11/16/2014

初夏这样虚弱的躁动
像降落在手臂上又不肯拉屎的瓢虫
窗外好安静
快在烈风碾碎牙齿之前
吃点什么

初夏

05/18/2014

应该是吃过饭了

脚趾磨起了泡

踩着枯萎的草秆偷偷向窗外望

没有人注意还是选择两次都跌到

地板上只有尘土是欢愉

它们仅有时间的竞跑

在鼻息唇语间稍纵即逝又在心跳时惊醒

不管三·七二十一

我拥抱了它们并吞掉了西北角落的风

排练

04/24/2014

不能听你吃饭了
我右手离不开手机
该理发了可什么放不下我
刘海都被死死按在脑后如此这般谨慎
脓包见了阳光萎靡不振像我见了你一样
可我的视线总离不开你半开的嘴
也许是我饿了
也许你太难过
远光灯靠近了我
而你比我更需要氧气
晚安
放心我只靠嘴巴就可以睡去

失调

04/03/2014

雨水凝成石子砸在鼻尖

穿透呼吸

渗入每个缝隙

踮脚踩伤砖头

书包没了重量

看车辆碾过水洼

条幅狼狈卷起

旗杆光秃秃地挺立

西北风蹂躏着我种下的树

摇摆

欢腾

倾斜

颤栗

雨过之后便倒在柏油路旁

一声叹息

下学

03/21/2014

75

矩形里的人太多

没有烟酒就会拥挤

直立行走难免踉踉跄跄

鞋尖很美又很多余

只有窗外是亮的

没有星星月亮

只有太阳升起

死心塌地

歇斯底里

我在 64 路

不要来找我

开到荼蘼

你才是你

64 路

12/23/2013

衬衫的最后一颗纽扣逼紧了喉结

咕咚

吞咽在食道里的流水拍打着岸

有温度

有拖延

在胃液里借力散开的粉尘

有呼吸

有气焰

一滴滴水一粒粒沙

它们任意结合遨游在任意心跳的肉体

摆脱不了风花雪月

一哆嗦

便成了记忆的部分

记忆工厂

11/14/2013

我有病

病入膏肓想起家

家里有棵枣子树

一年一枣两朵花

一朵天女散

一朵锦上添

一垂一舔

心远地自偏

天冷怎么睡？

芙蓉秋水各自眠

举头望明月

手心空似碗

枣不甜

碗不甜

嘴角一抹盐

人生得意须尽欢

一口酸枣不要钱

老家的枣子树

11/10/2013

走出影院我们同样虚弱

怀抱空盘子四目相对

汗水只隐晦地出现在额头和鼻尖

没有月圆没有团圆

风捧起你的脸颊

光浸满我的鼻孔

地球睡着了

我紧闭双眼

送出牵强的祝福

愿每个月饼的缺口都是圆的

中海国际

09/20/2013

心在湖里
头在谷底
床无抽屉
地无沙粒
蝉雀嬉戏
被褥亲昵
时而纵欲
时而放屁
穿戴整齐
掩面哭泣
房门紧闭
六户习习

青春期
08/30/2013

红白相间
蓝白相衬
黑白相离
熟透了
掀开云翼
走失自己

夜游中心广场

08/29/2013

发生了一切

故事不停歇

不自然会幻灭

不自由会瓦解

杂症胃脾肾肝

疑难苦辣酸甜

善恶相像

福祸共勉

价值观畸变

胰岛素锐减

精是神的口号

物是质的前嫌

无法左右痣的来由

掌纹也不会向腕部漫延

你的心肺与我同色

你的眉眼不是很远

我在脚下拾一把沙

洒向昨天

明天今天昨天

08/28/2013

天色将晚

雨滴黏在脸上

在进门前出门后的前一刻下一秒

腐蚀你的咆哮

雷声不是谎言

心中打闪益寿延年

雨落下

水溅起

云不动

风胡吹

我没擦干眼镜

也没卷起裤腿

只记得在发现彩虹之前

丢了把伞

儿童乐园

08/12/2013

它再也不会联络起沙漠和绿洲

封闭的窗子

疯癫的狗

每一寸拥挤都忽明忽暗

无人逗留

黄河水

浪打浪

铁皮车厢在摇晃

我一路向北

血拼于求生之路

绿皮火车

07/04/2013

羊群使我们分离
你的落寞百里挑一
把思念寄给雨
来生相逢在泥土里

慰藉

06/01/2016

来去匆匆
赶不及日出日落
只有海风在耳边娇喘
你熟睡的身躯像牙膏
伏在我杂草丛生的心坎上

洱海

05/27/2016

年轻不是问题
有使命可以参照
虚度胜过褒奖
锄禾眼冒金星
彗星的压力确实可见
在我需要你的每一天

撒比星云

09/14/2021

九点四十五出生
等十一点再起床
好逃避人间的哭喊
阳光炙烤着时间
在我的眼里留下雾气

自然醒

1/17/2022

大风车吱悠悠
暴风雨后
有三两只海鸥
和海浪上漂浮的海狗
礁石让夕阳穿过
伤口互相搀扶且没有颜色
我脱下背心
细嚼着蚕豆
偷瞄同龄小朋友的脸
没有对视便可满身是汗

长岛

06/12/2013

三心二意

水珠顺着胳膊肘滴在鞋上
肚子抵住台面
连挪一寸步子
柔软的抱憾

洗把脸

05/05/2016

夏天结束了
金秋只是过场
在漫长的冬与春
等油温上升

下入切条的土豆
并将番茄碾碎
砂糖由方变圆
汁液在搅拌中凝固
回头看
脆生的表皮冒着泡

趁味觉还在
快含进嘴里
让外壳融化
待淀粉分解
再灌入酱汁
给水泡上色

吃薯条

03/17/2022

三藩的冬天只有一周
糊味的咖啡
焦脆的培根
配上含在脑子里的饭菜
还差一点热量
煎个蛋
油温散到窗外
关上火
卖柴的小女孩

做早餐
01/10/2022

实在不知吃什么
就再来一盘饺子
盐多了或许冤枉
皮儿没破就算正餐
闻一口醋香
热气挂在鼻子上
快去洗个手
牙缝里满是韭菜

吃饺子

12/12/2020

我是面包店的烤火腿
我想拥有自己的腿
摇摆着扑在奶油上

火腿

12/28/2014

一点雨
一点闲
一点盐
一点黏
静坐一杯水
俯身一碗面

吃面

10/20/2013

世界的尽头

希望降临在今晚

在与你相爱之前

一起错过

最靠近白昼的黑夜

窗外没有雪

翻书会很冷

时光交错

任何作业

我都情愿再写一遍

晚自习

03/06/2015

洗衣机在工作
手也不能闲着
闭上眼睛期待
用发根染黑了纸
灵感普渡我的芳心
照射才疏学浅的蓝色
口舌冒出蒸汽
镜子的困意楚楚动人

六零幺

01/29/2021

时间亦是谎言
遮住容颜让我好生怀念
情愿那只是梦啊
在我的内心深处
有一只小小的萤火虫

萤火虫
12/29/2019

在浴室的门口
做一个乐天派
音量调到最大
扬声器吹起了风
在喜讯来临之前
庆祝显得尤为重要

喜讯

06/16/2022

你比落寞还落寞你是欺骗
你比抛弃更勇敢你是遗忘
你比感冒的尾巴还长好似思念
冰窟游弋
暖炉贪睡
稚嫩的鼾声不值一提

雪人

01/16/2015

门一推
鼻涕就落了
日也落了
痰还是不落

寒流

02/18/2014

竞走花家地
新月无归处
打着字走路
拳头松掉了
把冬天丢掉了
影子纤瘦了
灯也追不到
这纸箱你要吗
可否赠予我
将成功之母
打包带走

花家地小区
01/29/2021

撕开雪糕袋子
袅袅青烟
像野炊的问候
清明的鞭炮
家的暖
不碰就不断
一阵接一阵
不问就不闻
一根接一根

吃雪糕

01/09/2021

外面比冰箱还冷
何不把调味品都拿出去
让自己也透透气
关门前骂声邻居
下楼时打个灯笼
吐一口痰
有点舒服
拉开裤链
水落石出

透气
01/09/2021

折一枝树叶
为南国的秋意买单
总算不用猜测
雨更不用去躲
耳蜗的温润
一年就一季
深呼吸
每个毛孔都涌出泉水
闭上眼
被人鱼亲吻掌心

秋意

01/09/2021

谁操纵阳光
让影子遮不住眼
篮球还在转
与我的踉跄混为一谈
血迹扎进掌纹
在第一天洗不掉
风吹走了声音
快回家洗个澡

石砖

01/06/2021

烛台上滴滴点点的爱
凝住了
星辰坠在眼角儿
杂谈伴着糖块儿
玫瑰味儿的问候散落在积水中
快点点儿喝的吧
敬毛茸茸的雨夜

毛茸茸的雨夜
04/08/2018

正月十七
吾心北上
严父南下
慈母守家
春眠不知年味
积雪化得干净

开工

03/04/2018

月球飘向鱼山

山顶一棵油松

枝头的风好大

溢流的汁水没了重量

山脚的一侧踏着云海

风声杂乱无序

海面上礁岩弥漫

唇印伴着苔藓

无声无息

着陆

07/06/2017

有一天
我闻到了防盗窗外烟囱的漆
慵懒地躺在油腻的墙面

故事才讲一半
世界又变了

中场

05/05/2016

休憩在石阶上
仰望天花板
畅想生命的意义
年轻真好
我们这一群猪

猪
03/21/2016

雨水飘进风里
洒在床上
时间就铺在我胸口
流得很痒

痒

02/13/2016

吃完鸡蛋
血脉喷张
心不是我的
手不是我的
只有鸡蛋
是我的

鸡蛋的副作用
11/06/2014

任何事情
都可能发生
在没有煎蛋的猪头上
任何事情
都可能再次发生
在煎完鸡蛋的猪头上
真可爱
想在你的猪头上煎个鸡蛋

猪头牌煎蛋

11/06/2014

咬碎一粒玉米
汁液洒在床上
香软溢进被窝
舌根痒痒的

吃玉米

07/08/2016

117

心悬在脖子上
像吞了你剩的骨头
手捧玉米汁的麻烦
身负糖醋鱼的爱情
脚踏实地

狗

07/05/2016

黑夜令墙壁变得柔软
晚风让云朵沉落枕边
长眠在你的眼里
鼾声泛着冷光
腰上有拉锁的印子
月亮犯着嘀咕

躺一会儿
06/27/2016

贫瘠的褒奖夹带在电话亭的备忘录里
走失的情话插播在下水道的墓志铭上
好端端的晴天却捂着被子胡说八道
散播喧嚣的沼气
拾捡棘手的味精

病情

06/25/2016

时间流得太慢
像下水口的粪便
河上游的内衣
你心头的不满
不碰手机的恋爱

即时

01/09/2016

心里闷了一口血
和马路上的胎痕
橘子皮喷出的汁水
拖鞋上的牙膏
你的脑子一样
伪装成油头下阳光味道的枕套

闷

12/23/2015

翠柳斜掩木窗
雪水绵延送江
心霾离散过襄
涓流微至如汤

游记

10/03/2015

条条马尾怀着柳絮
双双山峦身着阳光
彩云像糖果一样跟着我
不停有麻雀落在石桌椅旁
蝉越来越远
我闻到了薄荷的味道

校园

06/06/2015

眼前是结了疤的天

沙砾色的云

路灯是暖男啊

月亮是绿茶

蚂蚁迷失在黑猫的回家路

落叶入土

群虫投胎

眸子挤出的尸体俘获一片蟋蟀

没有谁还活在草丛里

夜路

06/06/2015

等了好久
才来一股风
我吸进嘴里忍不住咽了半口
剩下的吐进被窝
留到明天吹头发

风度

06/06/2015

指甲脱落成了枯叶
喘息收走挥发的柴油
心脏丢了一万颗铆钉
黑云和羊群都一望无际
其实爱比工业脆弱
屎在鞋底为我证明

污染

05/02/2015

我是边走边说话的叶子
蠢绿色的鱼
我是纯白色的慌张
落荒而逃的纸
快爱我
在我打哈欠的时候
尝尝我的泪

求偶

03/23/2015

夜雨
是你零碎的心
散落在我无边的船上
让等待
变成瀑布下
我的雨衣

雨夜

03/21/2015

眼前
是玻璃零碎流落的愤怒
灯光频闪抛下
的恍惚
水花飞溅挤出的清醒
沙砾摇曳卷走的疾苦

交通

03/06/2015

在乒乓球台旁等妈妈的小伙子
最怕看车倒着走
在乒乓球台下陪猫猫的小姑娘
失去了所有的洋娃娃

乒乓球台

02/24/2015

砸开你的头
阳光躲进来
风又卷走黑夜
散落的发丝冉冉升起

破坏

02/13/2015

一本书

两顶帽

三根卷烟

四个口袋

五颗蛀牙

六份工作

七岁儿子

八万外债

九年鼻炎

十点回家

总统的靴子太难提

耶和华想静静

爷们儿

01/31/2015

雪莹莹的冰面在上升
留住深呼吸的摔跤手
躲开不会旋转的风

打滑

01/22/2015

你醒着却睡在昨天的明天我平躺着
在你头顶我身后大雨倾盆的天花板上

午睡

09/25/2014

小丽挂掉电话
因害羞面红耳赤
吞咽每一口早餐都会低下头环顾四周
小心挤去方便袋的空气
鼻息也愈发轻盈
伴随着他人梦里的歌声
四周还是臭的

小丽

07/11/2014

给你我的重行李和人字拖
勇敢地飞吧
只是请在扎啤和火腿面前
拾回矜持
酒足饭饱后再与不健忘的醉鬼们拥抱
是啊
跟前辈们一样
为了治水我可什么都做

烧烤摊

05/29/2014

好呀
墨镜顶在额头痒痒的
好啊
雨伞的把手很用力地摇
好吧
分享我的太阳和雪
好了
咬碎口袋里最后一块糖

好的
04/09/2014

被海风吹傻了吧
吃掉一座山
又背起一座山
翻过一座山
又困在一座山
山外有山
山海就是海

山
03/18/2014

被子扭成花
遮盖住我的嘴
脚下又顺进一口风
让我别睡

棉被物语

03/13/2014

东边一朵云
西边云一朵
同极相斥吗
我拉不过来

云

02/25/2014

一对医生病人
一排针线铅笔
他们握手后的五分钟会有第三个人加入
这个话题
下个话题
或者永远在一起
会有护士开门
把手机放在白大褂右边的口袋
她有响亮的高跟鞋
及腰的马尾
如果没有争吵
她也不会突然停下
她需要休息
换上板鞋剪断长发
然后打车去闺蜜或是男友家

护士

02/19/2014

人们藏吧
人们收获
人们命也没有了
人们冲突
人们失去
人们收起了衣服

战争

01/24/2014

我不够狡猾没有交换到铜质的螺母
传说中它如钻石般闪耀
工地在夕阳下轰鸣
越剧烈越安全
我却不能在那饭香漫溢的草地上休憩
你欠我的情我忘了
欠我的钱还是要还
我望向夕阳你已到达山的另一边
睡吧
什么都会被遗忘
除非现在吃饱了
或故作张狂

交易

11/05/2013

白色高跟鞋伫立
蔚蓝天堂伞撑起
失眠在雨中的耳机
刘海和风的秘密
笑容倒映在涟漪
心跳被雷声举起
裙摆小心翼翼
问谁在等你

犀浦夜市

08/30/2013

大落地窗

红酒长廊

被倾倒的一面墙

摩肩擦踵

车水马龙与镁光灯相望

高脚杯让你不醉

单手撩动长发美貌便是智慧

你怀念父亲的微笑

不忘却自己说过的谎

沾了血腥便想起初恋男友家的汪汪

而那只坠落的高跟鞋

还记得吗

你说 别慌

但每次烟被点燃

都发现我们

倚靠在同一张床

长廊

06/17/2013

阴天开着灯
夏的裙装被挂在空调房的墙面
招惹着玻璃
挣扎如白蝴蝶的翅膀
饮水机大口吞吐
卖弄的欲望无人收藏
可乐顶着松动的瓶盖喷涌
滴洒在不光滑的石板上
棒冰被生锈的刀片啄伤
麻木到将手遗忘
雪糕拥有幸福的躯体
巧克力脆皮沉睡在它的脊梁

盛夏

05/22/2013

凉皮就橙汁
饭前虎吞虎咽
胃酸的消极来慢一点
黄瓜配豆瓣
炒饭一点盐
酱牛肉是冻过的
细嚼新蒜
电解质挤满眼眶
啤酒加冰
内啡肽打湿眼线

每日午餐
08/16/2021

垂钓碧溪上
叼一根蛋卷儿
乘舟梦日边
美瞳闪耀此刻
狼人变平民
叉烧也熟了
山路到雪地
看天气如何

从三藩到芝加哥
02/05/2021

还没来得及看
雪就化光了
煮一碗面
鸡蛋打碎
静候春天

对联里闷着锅气
鞭炮声轰出了芽
一壶老酒烫着
脚也在热汤里

起身拜年
街坊忘了称呼
互相迁就
鼻涕暖洋洋

过年

01/30/2021

白日做梦

萤光
又作荧光
让我冻死在石阶上
化成一只蓝色蝴蝶
盘旋在你头上
拉出的屎
便是萤光

萤光
09/23/2014

在暴风的世界里臆想
勉强成为骤雨
从万丈高空坠落
粉身汇入江河
流入湖海
被烈日带走
随洋流前行
伏在飞鱼的脊背上眺望

一滴水

05/11/2019

世界大变
我还在梦乡里默数
一二三五
虚伪地反馈
六七八十
扭捏地胡来
懒得烧水
洗澡用茶饮料
睁不开眼
觊觎来世的一秒

迷糊

01/08/2021

你们在干什么
丰收还是除草?
我的镰刀钝了
口哨遇雨成鼾
鲤鱼挤满湖面
天又晴了
暖阳嵌入骨子里
寒夜莹莹亮

初春
02/26/2018

一头扎进海里

浪花漫过脚尖

洋流盖住呼吸

水藻敷在眼皮上

风没能进来

雨没能进来

梦没能进来

时间过了一秒

搁浅的拖鞋进了沙子

海

02/22/2018

吸着棉被里氤氲的霉味
忘掉猫咪走失的影子
再吞下大把缺氧的芝士
捅落浮在水上的春联
睁一只眼闭一只眼
告别蓝天黄云的每一天

破五

02/22/2017

幸好雨洒在塑料袋上
既可以透过塑料袋看见床上的彩虹
又不让床头沾满我委屈的口水

塑料袋
11/16/2017

湖面不大
蜻蜓落在考卷上
彩虹挂着霉斑
绿光打湿了灌木
河马的血金光闪闪
鸭子在升温的水里喘不上气
油墨也冲散了天鹅
云不见少
风声刺耳
用睫毛戳破金鱼的泡泡
今天的雨是咸的

湖
10/18/2017

敲开溢满水的冰面
在一指深的回忆里摸到石头
石头的一半覆满青苔
一半的青苔泛着油光
伸出手
有大半的天是晴的

升温

06/25/2017

梦里我还是十五岁的身体

饥肠辘辘地立在校门外

人群和云海越来越近

我目不转睛

看一个裙摆翩跹的女孩儿挥舞着炸串

她胸口的镜子跳跃着向着夕阳

一对麻花辫儿胡乱扭打在沙尘中

我眼含泪水

虹膜在光芒中失色

精神抖擞却耳鸣不已

空气更稀薄了

鼻息被淹没在热气腾腾的雨水中

我松开牙齿

孜然粒顺着她的吻滑进我的唇瓣

我充满力量

手舞足蹈

按掉了床头的灯

嗜睡

02/27/2017

我跟河马有个约会
吃不酱的牛肉
品德纲的红酒
在德州世纪广场的喷泉里对歌

相亲

07/20/2016

每个人卧室的窗外都有一泊平静的湖水
陈旧的木舟靠在酥软的墙上
把它们端到阳台上等星星洒落
波光粼粼的湖面就会出现船夫的名字

面壁

07/19/2016

用粘满毛屑的秋裤生一把火
在渴望中呼吸困难
枯燥的双手被耀光掩盖住萧条
沙沙作响
空气翻滚着升腾
傲慢且优雅
倏尔回想起琳琅满目的弹珠
璀璨发抖的眸子
永不褪色的孔雀羽毛
那是无数个模糊的夜晚
我可能迷路了

露宿

03/03/2016

雨在头顶刻出一把伞
我闭上眼触摸到夕阳从林和海滩
漫天的白光明闪闪
所有的绿色都笑着
水没过我的腰线
我试图漂流
于是躺下却被一个浪拍醒
全身湿透
我终于（失去）自由了

梦境

07/08/2015

今夜发生了什么
电闪在龙的犄角
落叶沙沙作响
猫的影子不动
雨水跌落井底
流向浴缸
瀑布
下嘴唇
和伞
我听到了解禁的声音

雨停在耳边陪我幻想
12/29/2019

遗弃悲伤的海豚
灌醉水手的老爸
挥别吧台上站不直的粉红女郎
给船身浇满鱼油后
化作冰山

船员

05/02/2015

从无知到春天

与野草分享日出

在彩虹成堆的易拉罐旁寻找快乐

谈一场妻妾成群的恋爱

然后像大人一样

涂黑自己的鞋子

无忌

02/13/2015

在寒风中耸立的巨人
头顶一棵迷人的松柏
吹口哨
哼儿歌
一只大手握住断桥的栏杆说：
当我倒下就会变成一座桥
正好让雪橇刮刮我的胡子呢

无眉大师

11/17/2014

驯鹿顶翻雪橇
又把角撞碎在我胸口
血流如注没有声响
我发呆一整天
选择在墨绿色的肝脏上铺满青草
一夜没睡
挖好坟墓献给把冰山染红的夕阳
第三天
还是在北冰洋
面对月光
我脸颊热得发烫

驯鹿
04/24/2014

即使吱呀的木门让进出步履维艰

但想留不会走

想走不能留

膝盖不痛甚至不需要招手

风扇和门一样

象征性地转着

没有人喧哗身影也总是络绎不绝

就在旺季

为了一排让人发胖的座椅不再拥挤

老板娘也变了口气：

没关系

还有大把时间

嘻嘻

不幸运的卢克

08/11/2013

梦中我停滞在熙攘的隧道
手扶一辆沾满铜锈的单车
有首歌一路跟着我
我不作声
不认领
不被惊醒
直到大汗淋漓蜷缩在床头
才发现走向安全出口的刹那只是梦的边缘
没有惊喜
没有结局

梦游

07/07/2013

生病以后
只有三餐是我的朋友
我却把它们都吃掉了

我被隔离在这儿
只有水是温的
无论怎么样摔打自己
影子总是纹丝不动

在空气里打一个标记
也许希望就在那儿吧
我恳求它
不要把我的好梦收走

橘黄色的窗
微亮的烛光
魔鬼的脸
每时每刻都一个样

眼前的一切
越来越模糊
等着我的
不会是地狱吧
我害怕

黑鹅湖 - 王子

05//22/2018

我喜欢山
在顶峰摇曳
随时结束一切
却害怕山顶的风
划过我的身体便不再透明了

我给的爱像溪流
我的幻想更湍急
我不停在水中舞蹈
直到有鹅卵石
记得我的模样

每次跳到一半
总有人喊停
让我躺下
像个机器

我厌恶他们所有的选择
除了亲吻我的手腕
胡渣蹭着脉搏
在我的耳蜗处
盖过自己的喘息声

真的遇不到爱我的人
为他跳一支舞
我想
他应该在另一个世界吧

黑鹅湖 - 舞女
05/22/2018

我是骄傲的斗士

与牛分享死亡

狂舞摧毁恐惧

命运让我失去痛苦

我喜欢雨天

尘土也不能挣扎了

水顺进靴子

让脚跟的伤口化作我的眼睛

我的牛很大

黑色的毛皮

温热而破碎

我们是朋友

我们是敌人

在喧嚣的斗兽场

沉溺于它的瞳孔

忘记我还活着

黑鹅湖 - 斗牛士

05/22/2018

www.ingramcontent.com/pod-product-compliance
Lightning Source LLC
Chambersburg PA
CBHW061157120626
46546CB00005B/2094